2. Schuljahr

Petra Hartmann

Lesetraining *spielerisch* erfahren

Zuerst lesen, dann malen & rätseln

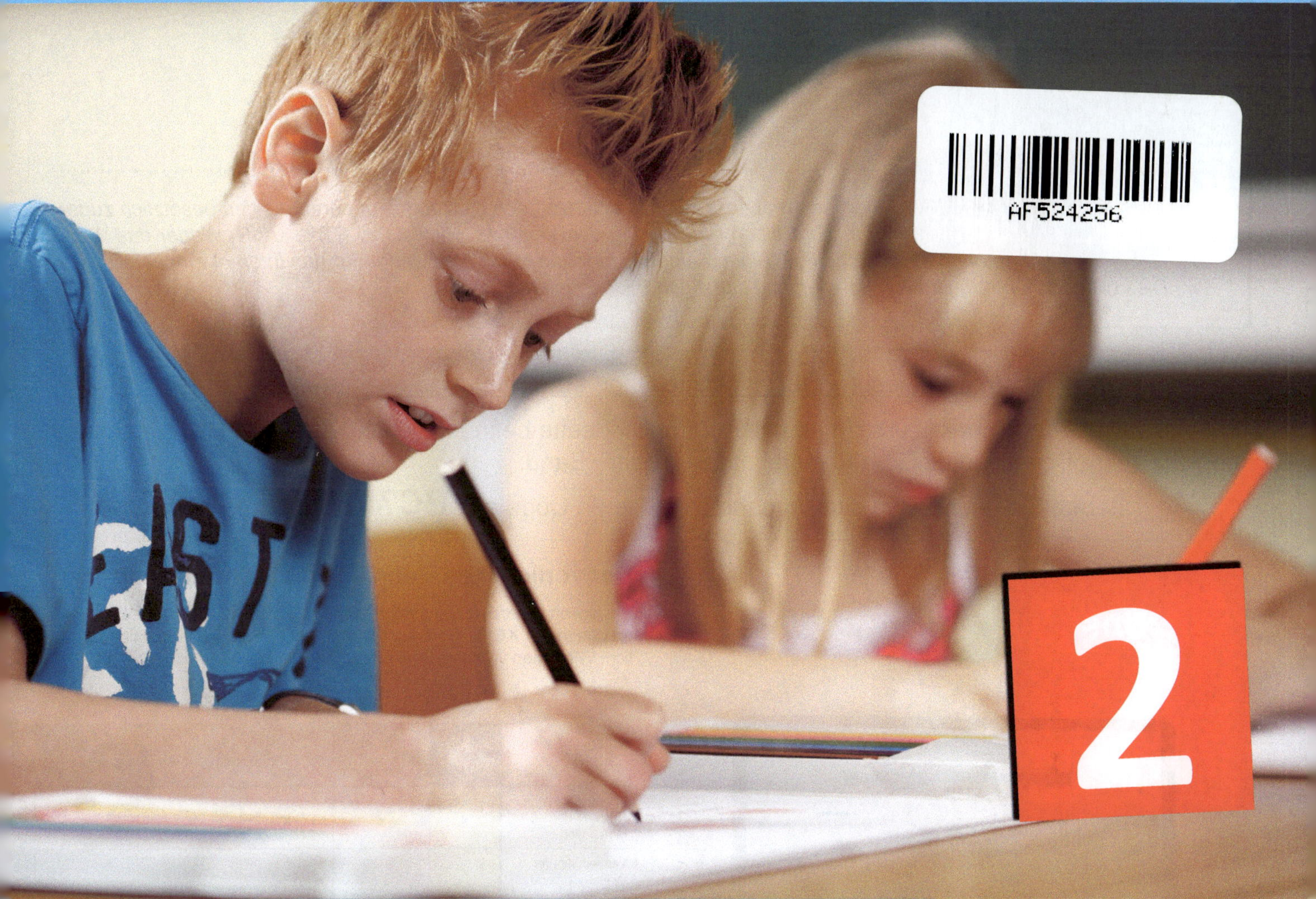

2

Sinnentnehmendes Lesen trainieren und festigen. Grundlagen schaffen!

www.kohlverlag.de

Lesetraining spielerisch erfahren / Klasse 2

Zuerst lesen, dann malen & rätseln

1. Auflage 2024

Inhalt: Petra Hartmann
Umschlagbild: © Christian Schwier – AdobeStock.com
Illustrationen: Petra Hartmann & Catherina Hartmann
Redaktion: Kohl-Verlag
Grafik & Satz: Kohl-Verlag
Druck: Elanders Druck, Waiblingen

Bestell-Nr. 13 109

ISBN: 978-3-98841-170-9

Bildquellen © AdobeStock.com: S. 2: © Africa Studio; S. 3-59: © WinWin

Zusatzmaterial zu diesem Titel im Online-Shop erhältlich:

Unter der Rubrik "Zusatzmaterial" auf der Startseite befindet sich ein direkter Link zum Download des Zusatzmaterials zu diesem Band.

Geben Sie beim Download-Vorgang bitte diesen Code ein: **BC7FN79M**

Inhalt

Thema	Seite
Lies den Text – Das kleine Krokodil im Land der Buchstaben	5 - 7
Male sorgfältig.	8
Sortiere die Bilder nach der Größe.	9
Buchstabenrätsel	10
Lies den Text weiter... – Das kleine Krokodil im Land der Buchstaben	11 - 13
Male sorgfältig.	14 - 15
Wie oft findest du dieses Bild?	16
Lies den Text weiter... – Das kleine Krokodil im Land der Buchstaben	17 - 18
Male sorgfältig.	19
Sortiere die Bilder nach der Größe.	20
Buchstabenrätsel	21
Lies den Text weiter... – Das kleine Krokodil im Land der Buchstaben	22 - 24
Male sorgfältig.	25
Sortiere die Bilder nach der Größe.	26
Wie oft findest du dieses Bild?	27
Lies den Text weiter... – Das kleine Krokodil im Land der Buchstaben	28 - 30
Male sorgfältig.	31
Sortiere die Bilder nach der Größe.	32
Buchstabenrätsel	33
Lies den Text weiter... – Das kleine Krokodil im Land der Buchstaben	34
Sortiere die Bilder nach der Größe.	35 - 36
Lies den Text weiter... – Das kleine Krokodil im Land der Buchstaben	37 - 43
Male sorgfältig.	44 - 45
Wie oft findest du dieses Bild?	46
Lies den Text weiter... – Das kleine Krokodil im Land der Buchstaben	47 - 48
Male sorgfältig.	49
Lies den Text weiter... – Das kleine Krokodil im Land der Buchstaben	50 - 52
Lösungen	53 - 56

Vorwort

Liebes Trainingskind,

Lesen ist ein sehr wichtiger Grundbaustein für das Lernen. Die Fähigkeit zum Lesen (Lesefähigkeit) muss sich erst Schritt für Schritt entwickeln. Zuerst werden Symbole „gelesen", danach werden Wortbilder erkannt.
Im nächsten Schritt werden Buchstaben in Wörtern wiedererkannt, dann wird buchstabenweise gelesen und die Laute werden zusammengezogen. So entsteht „Lesen". Die Fähigkeit zu Lesen muss stets geübt und trainiert werden, bis letztlich das automatische Lesen funktioniert.

In diesem Trainingsbuch findest du viele Übungen um deine Lesefähigkeit auszubauen und zu stärken.

Diese Übungen sind leicht verständlich und können selbstständig erarbeitet werden.

Mit Hilfe der Lösungen im Anhang kannst du deine Übungen selbst überprüfen.

Jetzt kann es losgehen, viel Spaß und Erfolg beim Lesen üben wünschen der Kohl-Verlag und

Petra Hartmann

Lesetraining für die 2. Klasse
Die Übungen wurden erstellt von

Lernberaterin / Lerncoach
Diplomierte Legasthenie- und Dyskalkulietrainerin®

Lesetraining
Lies den Text.

Das kleine Krokodil im Land der Buchstaben

Dieses kleine grüne Lebewesen ist ein Krokodil und heißt Willi.

Es lebt in einem Buchstabenland. Niemand weiß genau, wo sich dieses Buchstabenland befindet.

Aber eines ist sicher: Das Buchstabenland liegt irgendwo in der weiten Ferne, weit weg von Nirgendwo, hinter sehr großen, mittelgroßen, kleinen und ganz kleinen Bergen …

Lesetraining
Lies den Text.
Fortsetzung ...

Willi lebt mitten in der Buchstabenstadt.
Schau doch mal, wo das kleine Krokodil wohnt.

KOHL VERLAG Lernen mit Erfolg
LESETRAINING SPIELERISCH ERFAHREN / Klasse 2
Zuerst lesen, dann malen & rätseln – Bestell-Nr. 13 109

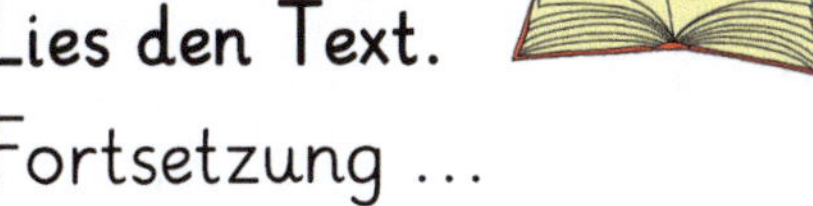

Lesetraining
Lies den Text.
Fortsetzung ...

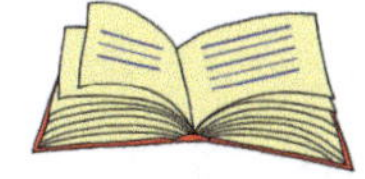

In der Buchstabenstadt fühlt sich das kleine Krokodil sehr wohl.

Willi ist ein Langschläfer. Er schläft morgens immer sehr lange.

Wenn der Langschläfer dann endlich aufsteht, beginnt er den Tag mit einem ausführlichen Frühstück.

LESETRAINING SPIELERISCH ERFAHREN / Klasse 2
Zuerst lesen, dann malen & rätseln – Bestell-Nr. 13 109

Lesetraining
Male sorgfältig.

Links oder rechts?

Alle Krokodile, deren Nasenspitze von dir aus gesehen nach rechts zeigen, tragen gelbe Schlafmützen.

Alle Krokodile, deren Nasenspitze von dir aus gesehen nach links zeigen, tragen blaue Schlafmützen.

Lernen mit Erfolg KOHL VERLAG LESETRAINING SPIELERISCH ERFAHREN / Klasse 2
Zuerst lesen, dann malen & rätseln – Bestell-Nr. 13 109

Lesetraining

Schau dir die Bilder genau an.

Ordne die Bilder nach der Größe.

Fange mit dem kleinsten Bild an.

Nummeriere die Bilder von 1 bis 5.

KOHL VERLAG
LESETRAINING SPIELERISCH ERFAHREN / Klasse 2
Zuerst lesen, dann malen & rätseln – Bestell-Nr. 13 109

Lesetraining

Schaue dir die Buchstaben genau an.

Wie oft findest du das Wort KROKODIL?

Färbe jedes Wort ein und trage

die Anzahl in das Kästchen.

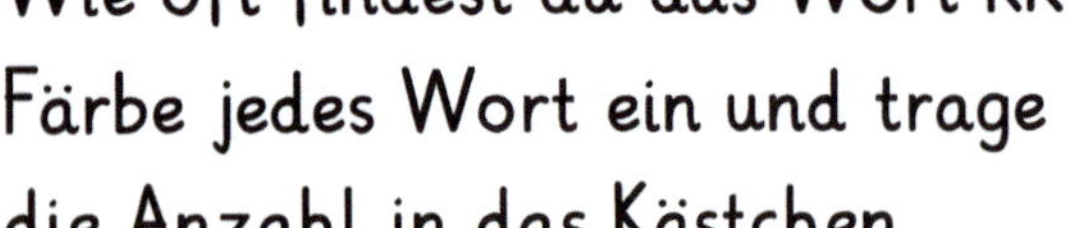

ABCDEFGHIJKLMNOPQRSTUVWX
YZABCDEFGHIJKLMNOPQRSTUV
WXYZAKROKODILBCDEFGHIJKLM
NOPQRSTUVWXYZABCDEFGHIJK
LMNOPQRSTUVWXYZABCDEFGHI
JKLMNOPQRSTUVKROKODILWXY
ZABCDEFGHIJKLMNOPQRSTUVW
XYZABCDEFGHIJKLMNOPQRSTUV
WXYZABCDEFGHIJKLMNOPQRST
UVKROKODILWXYZABCDEFGHIJK
LMNOPQRSTUVWXYZABCDEFGHI
JKLMNOPQRSTUVWXYZABCDEFG
HIJKLMNOPQRSTUVWXYZABCDE
FGHIJKLMNOPQRSTUVWXYZABC

KOHL VERLAG LESETRAINING SPIELERISCH ERFAHREN / Klasse 2
Zuerst lesen, dann malen & rätseln – Bestell-Nr. 13 109

Lesetraining

Lies den Text.

Fortsetzung ...

Das Frühstück besteht aber nicht aus Brot, Butter, Aufschnitt und Wasser, nein – es besteht nur aus Buchstaben. Große, mittelgroße, kleine und ganz kleine Buchstaben.

Denn Willi frisst am liebsten Buchstaben. Genauer gesagt frisst das kleine grüne Lebewesen nur Buchstaben.

Da Willi in einem Buchstabenland lebt, ist er natürlich ständig von Buchstaben umgeben.

Lesetraining
Lies den Text.
Fortsetzung …

Das bedeutet aber nicht, dass er alle Buchstaben um sich herum fressen kann, wie es ihm gefällt.

Doch Willi kann seinem Verlangen nach Buchstaben einfach nicht widerstehen und gelangt dadurch immer wieder schnell in Schwierigkeiten.

Also, wenn Willi ausgeschlafen ist und ein ausführliches Frühstück aus Buchstaben genossen hat, dann ist er hoffentlich erst einmal satt.

Nach dem Frühstück trifft Willi seinen Freund Leo. Leo ist eine kleine Schnecke. Diese Schnecke ist genau das Gegenteil von Willi.

Denn Leo ist kein Langschläfer, sondern ein Frühaufsteher. Er frisst keine Buchstaben, sondern grüne, frische Blätter.

KOHL VERLAG LESETRAINING SPIELERISCH ERFAHREN / Klasse 2 – Bestell-Nr. 13 109

Lesetraining

Lies den Text.

Fortsetzung …

Die kleine Schnecke ernährt sich also rund um von großen, mittelgroßen, kleinen und ganz kleinen Blättern.

Schau mal, so sieht Leo, die kleine Schnecke aus.

KOHL VERLAG
LESETRAINING SPIELERISCH ERFAHREN / Klasse 2
Zuerst lesen, dann malen & rätseln – Bestell-Nr. 13 109

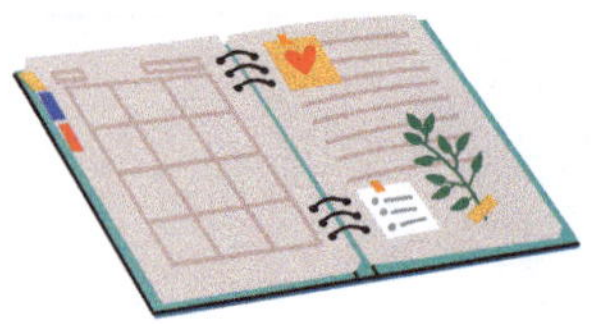

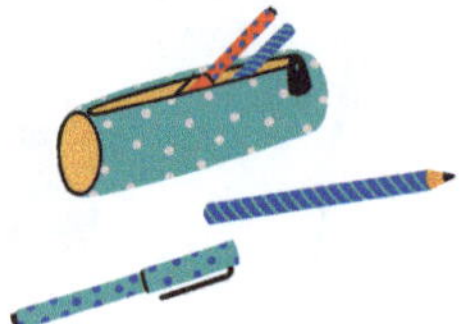

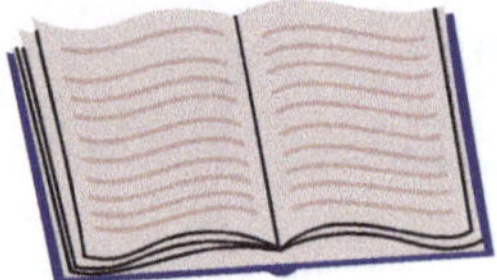

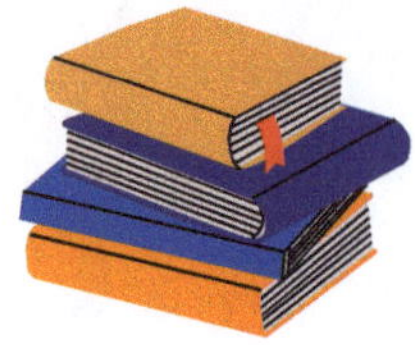

Lesetraining

Male sorgfältig.

Male die Schnecke nach Vorgabe aus.

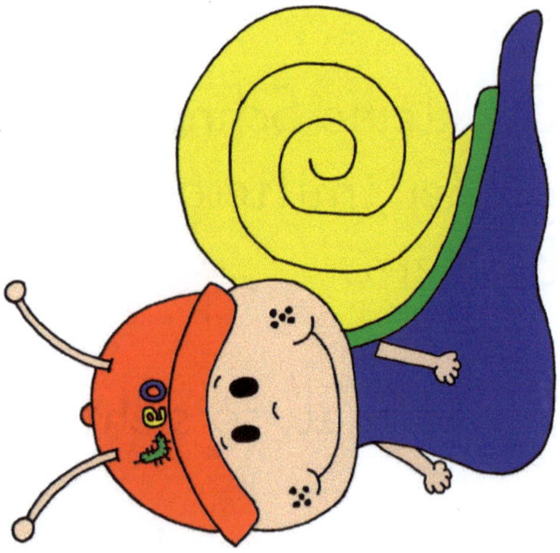

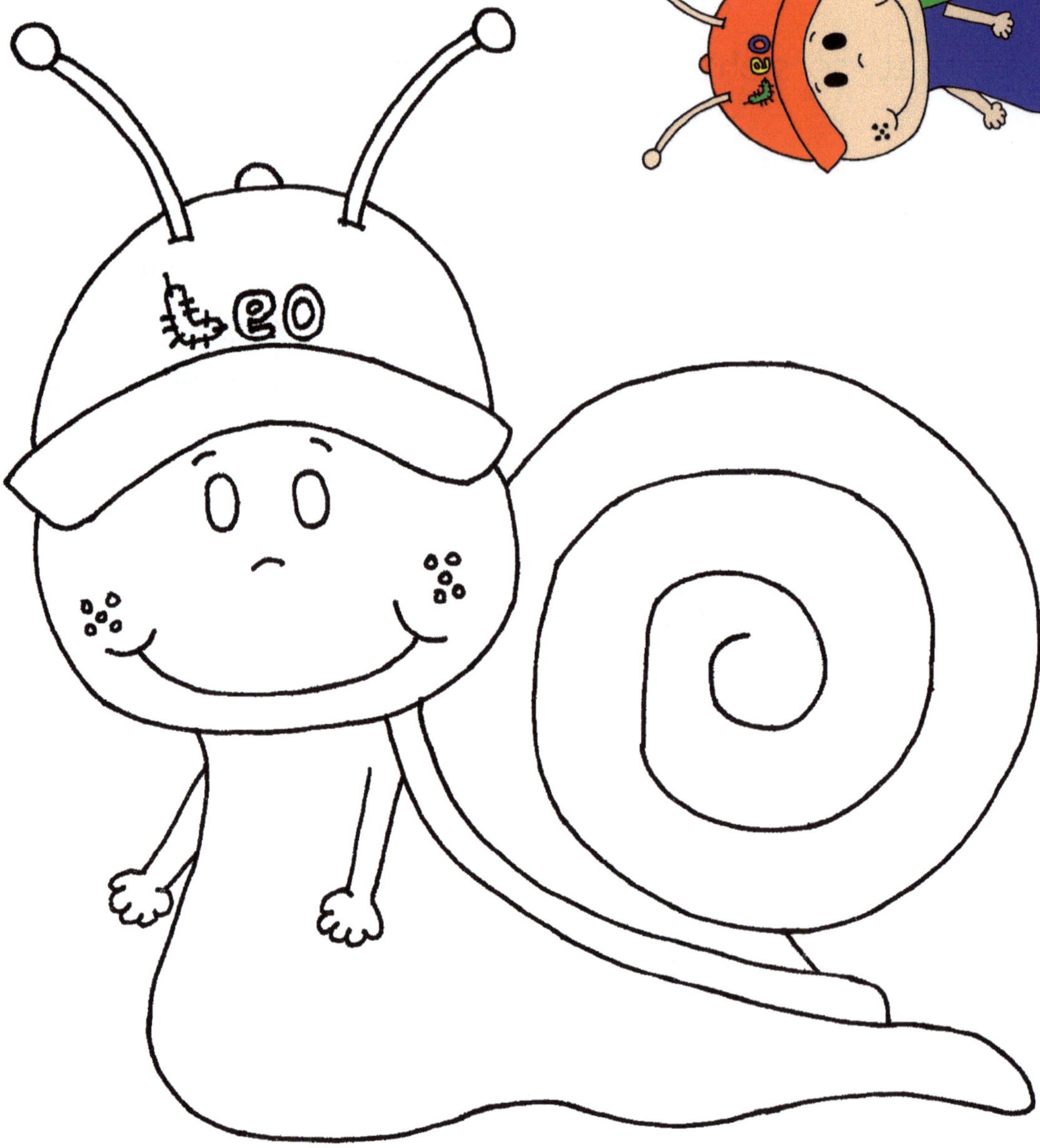

KOHL VERLAG Lernen mit Erfolg
LESETRAINING SPIELERISCH ERFAHREN / Klasse 2
Zuerst lesen dann malen & rätseln – Bestell-Nr. 13 109

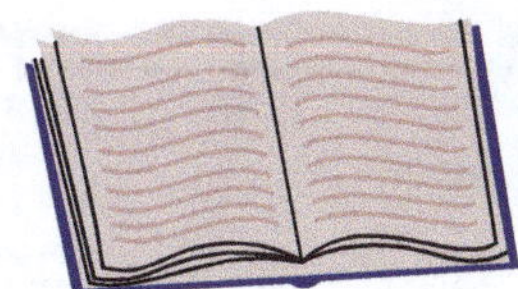

Lesetraining
Male sorgfältig.
Betrachte die Bilder aus deiner Sicht.

Die großen Schlafmützen sind blau-gelb gestreift.
Die kleinen Schlafmützen sind grün-rot gestreift.

KOHL VERLAG LESETRAINING SPIELERISCH ERFAHREN / Klasse 2
Zuerst lesen, dann malen & rätseln – Bestell-Nr. 13 109

Lesetraining

Schaue dir die Blätter genau an.
Wie oft findest du dieses Bild?
Trage die Anzahl ein.

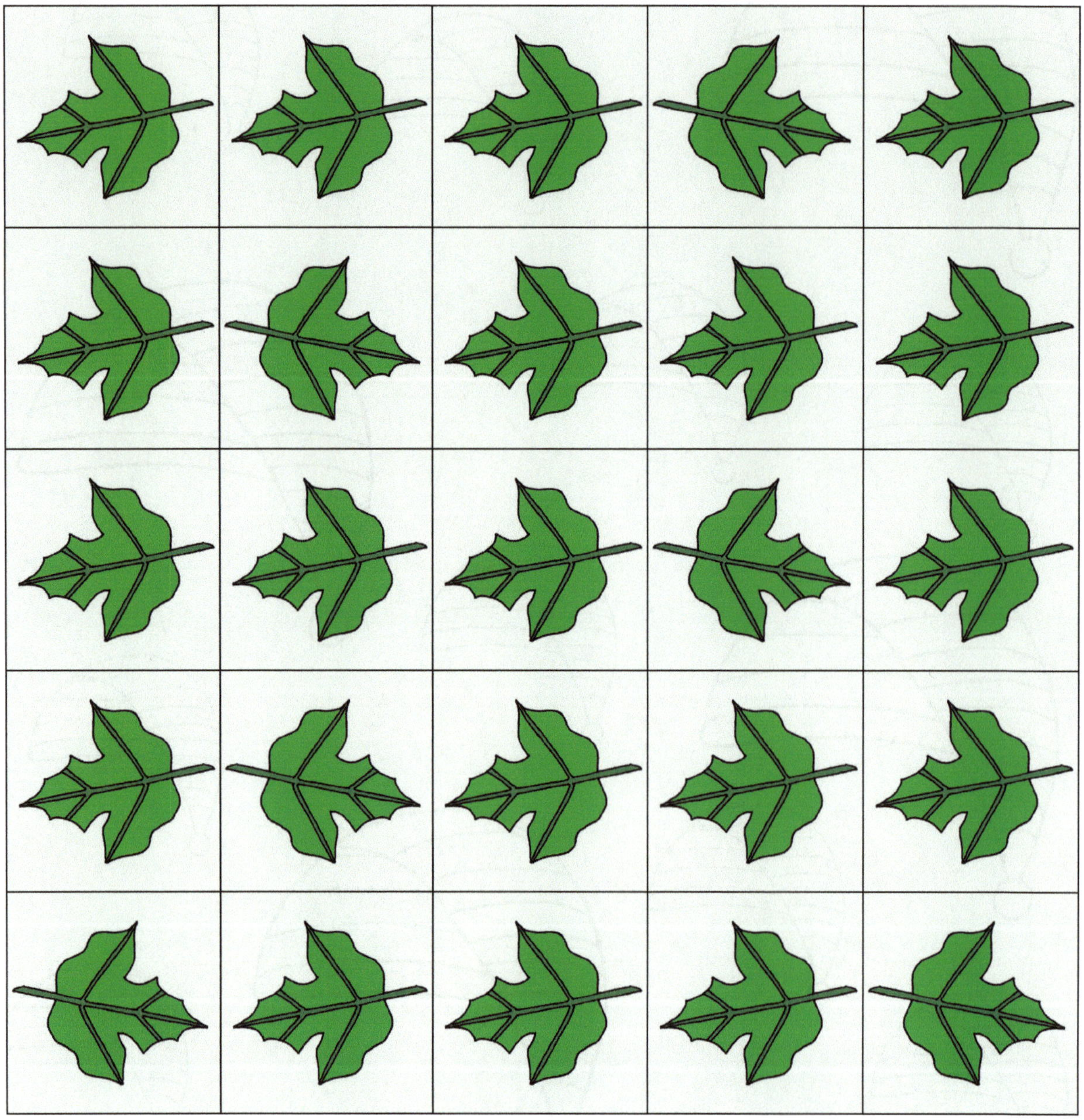

Lesetraining
Lies den Text.
Fortsetzung …

Willi und Leo treffen sich immer an ihrem Lieblingsort. An einer großen alten Eiche mitten auf einer Wiese.

Schau mal, wie der Lieblingsort aussieht.

Hier halten die beiden Tiere sich sehr oft auf und genießen die frische Luft. Sie erzählen sich gegenseitig Geschichten, spielen Kartenspiele oder halten ein kleines Mittagsschläfchen.

LESETRAINING SPIELERISCH ERFAHREN / Klasse 2
Zuerst lesen, dann malen & rätseln – Bestell-Nr. 13 109
KOHL VERLAG

Lesetraining
Lies den Text.
Fortsetzung …

Heute verhält sich die kleine Schnecke Leo anders als sonst, denn sie ist sehr aufgeregt. Sie möchte Willi unbedingt etwas Wichtiges erzählen.

Denn die kleine Schnecke Leo hat mitbekommen, wie sich zwei Igel über etwas Seltsames unterhalten haben.

Die beiden Igel haben davon gesprochen, dass es im tiefen, dunklen Wald, dort wo die Bäume besonders groß, mittelgroß, klein und ganz klein sind, einen Zauberweg gibt, der zu einem riesig großen Zauberbaum führt.

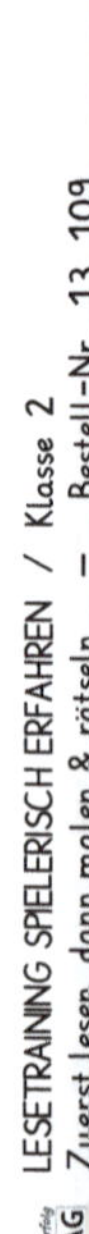

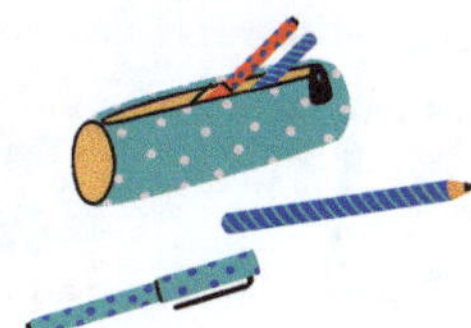

Lesetraining
Male sorgfältig.

Links oder rechts?

Alle Igel gehen von dir ausgesehen nach <u>links</u>.
Male alle Igel sorgfältig aus, die in die falsche Richtung gehen.

Lesetraining

Schau dir die Bilder genau an.
Ordne die Bilder nach der Größe.
Fange mit dem kleinsten Bild an.
Nummeriere die Bilder von 1 bis 5.

Lernen mit Erfolg KOHL VERLAG
LESETRAINING SPIELERISCH ERFAHREN / Klasse 2

Lesetraining

Schaue dir die Buchstaben genau an.
Wie oft findest du das Wort SCHNECKE?
Färbe jedes Wort ein und trage
die Anzahl in das Kästchen.

ABCDEFGHIJKLMNOPQRSTUVWX
YZABCDEFGHIJKSCHNECKELMN
OPQRSTUVWXYZABCDEFGHIJKL
MNOPQRSSCHNECKETUVWXYZA
BCDEFGHIJKLMNOPQRSTUVWXY
ZABCDEFGHIJKLMNOPQRSTUVW
XYZSCHNECKEABCDEFGHIJKLMN
OPQRSTUVWXYZABCDEFGHIJKL
MNOPQRSTUVWXYZABCDEFGHIJ
KLMNOPQRSTUVWXYZABCDEFG
HIJKLMNOPQRSTUVWXYZABCDE
FGHIJKLMNSCHNECKEOPQRSTU
VWXYZABCDEFGHIJKLMNOPQRS
TUVWSCHNECKEXYZABCDEFGHIJ

Lesetraining
Lies den Text.
Fortsetzung ...

Niemand weiß genau, wo sich der sogenannte Zauberweg bzw. Zauberbaum befindet.

Aber eines ist sicher, nach Aussage der beiden Igel soll der Zauberbaum riesengroß sein ...

Schau mal wie der Zauberbaum nach Aussage der beiden Igel aussehen könnte:

Die beiden Igel haben davon gesprochen, dass dieser Zauberbaum Wünsche erfüllt.

Lernen mit Erfolg KOHL VERLAG LESETRAINING SPIELERISCH ERFAHREN / Klasse 2
Zuerst lesen, dann malen & rätseln – Bestell-Nr. 13 109

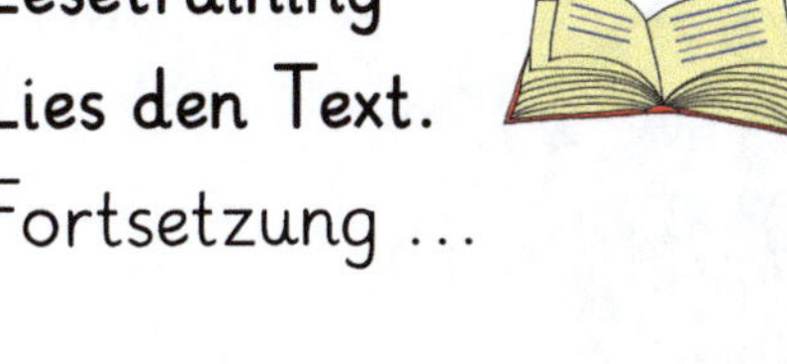

Lesetraining
Lies den Text.
Fortsetzung ...

Daraufhin hat die kleine Schnecke Leo eine Idee.

Leo könnte sich mit Willi gemeinsam auf den Weg machen und diesen Zauberbaum im tiefen, dunklen Wald suchen. Dann könnte sich Willi vom Zauberbaum wünschen, dass er jederzeit, wann immer er möchte, seinem Verlangen nach Buchstaben widerstehen könnte und somit nicht mehr in Schwierigkeiten kommen würde. Das würde Willi einigen Ärger ersparen.

Nachdem nun Leo seinem Freund Willi alles erzählt hat, was er von den beiden Igeln gehört hatte, machen sich die Schnecke und das Krokodil sofort auf den Weg.

So kommen Willi und sein Freund Leo an vielen Häusern vorbei. Die Häuser haben unterschiedliche Größen, denn sie sind groß, mittelgroß, klein und ganz klein.

KOHL VERLAG LESETRAINING SPIELERISCH ERFAHREN / Klasse 2
Zuerst lesen, dann malen & rätseln – Bestell-Nr. 13 109

Lesetraining

Lies den Text.

Fortsetzung ...

Es dauert eine ganze Weile, bis sie den tiefen, dunklen Wald gefunden haben. Der Wald ist tatsächlich sehr dunkel, aber dort kann man einen beleuchteten Weg sehen. Dieser Weg leuchtet angenehm hell. Am Anfang des Weges steht ein Schild. Darauf steht „Bitte nichts berühren!"

KOHL VERLAG LESETRAINING SPIELERISCH ERFAHREN / Klasse 2 – Bestell-Nr. 13 109

Lesetraining

Male sorgfältig.

Male die Bilder nach Vorgabe aus.

Lesetraining
Schau dir die Bilder genau an.
Ordne die Bilder nach der Größe.
Fange mit dem größten Bild an.
Nummeriere die Bilder von 1 bis 5.

KOHL VERLAG LESETRAINING SPIELERISCH ERFAHREN / Klasse 2
Zuerst lesen, dann malen & rätseln – Bestell-Nr. 13 109

Lesetraining
Schaue dir das Bild genau an.
Wie oft findest du dieses Bild?
Trage die Anzahl ein.

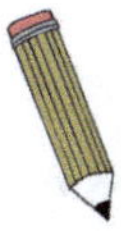

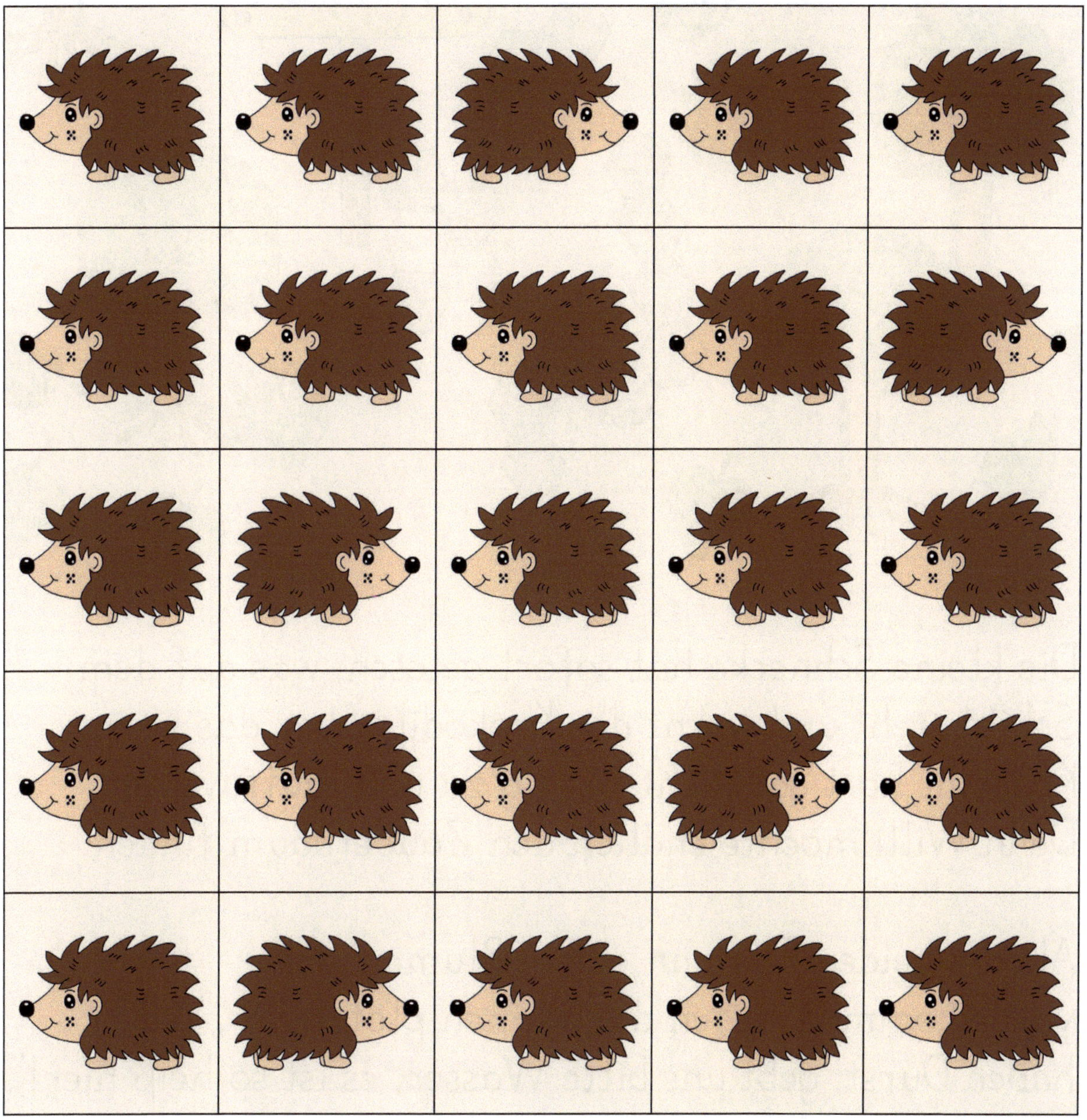

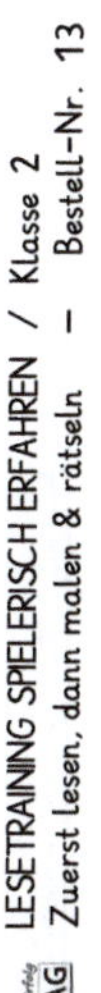

Lesetraining
Lies den Text.
Fortsetzung ...

Die kleine Schnecke hat sofort gelesen, was auf dem Schild steht und warnt das Krokodil. Aber das kleine Krokodil hört gar nicht richtig zu und läuft weiter. Denn Willi möchte endlich den Zauberbaum finden.

Als die beiden Tiere an einem Blumenbeet vorbeikommen, rufen die Blumen plötzlich: „Wir haben Durst, gebt uns bitte Wasser, es ist so heiß hier!"

Lesetraining

Lies den Text.

Fortsetzung ...

Da die Blumen aber wie Buchstaben aussehen, kann Willi sich nicht bremsen und fängt an, eine Blume zu fressen.

Blitzschnell donnert es und eine kleine gelbe Wolke bildet sich über Willi. Aus dieser Wolke fallen viele große, mittelgroße, kleine und ganz kleine gelbe Wassertropfen auf das Krokodil.

KOHL VERLAG
LESETRAINING SPIELERISCH ERFAHREN / Klasse 2
Zuerst lesen, dann malen & rätseln – Bestell-Nr. 13 109

Lesetraining
Lies den Text.
Fortsetzung ...

Nach wenigen Minuten ist Willi komplett gelb gefärbt und die gelbe Wolke hat sich in Luft aufgelöst.

Das Krokodil ist entsetzt und gleichzeitig sprachlos. Leo die Schnecke tröstet Willi. Anschließend sind sich beide Tiere einig: Willi kann die gelbe Farbe später unter einer warmen Dusche abwaschen.

Nun folgen sie dem Weg weiter. Nach einer kurzen Weile stehen Leo und Willi vor einem Teich. Der Teich ist gut gefüllt mit Wasser.

KOHL VERLAG LESETRAINING SPIELERISCH ERFAHREN / Klasse 2 – Zuerst lesen, dann malen & rätseln – Bestell-Nr. 13 109

Lesetraining
Male sorgfältig.
Male die Blumen nach Vorgabe aus.

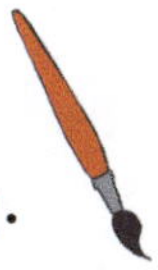

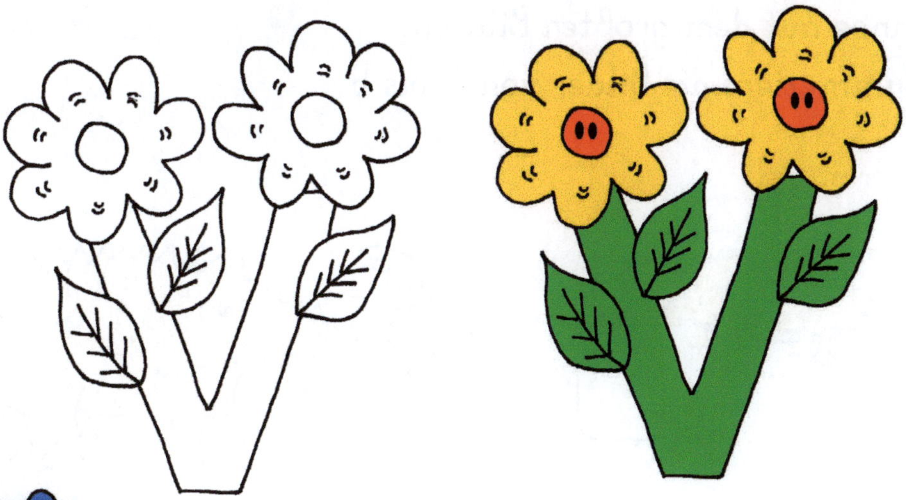

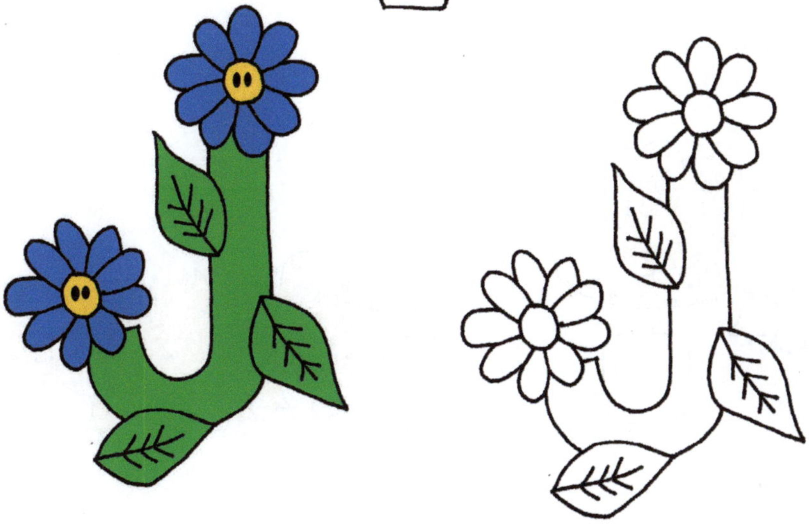

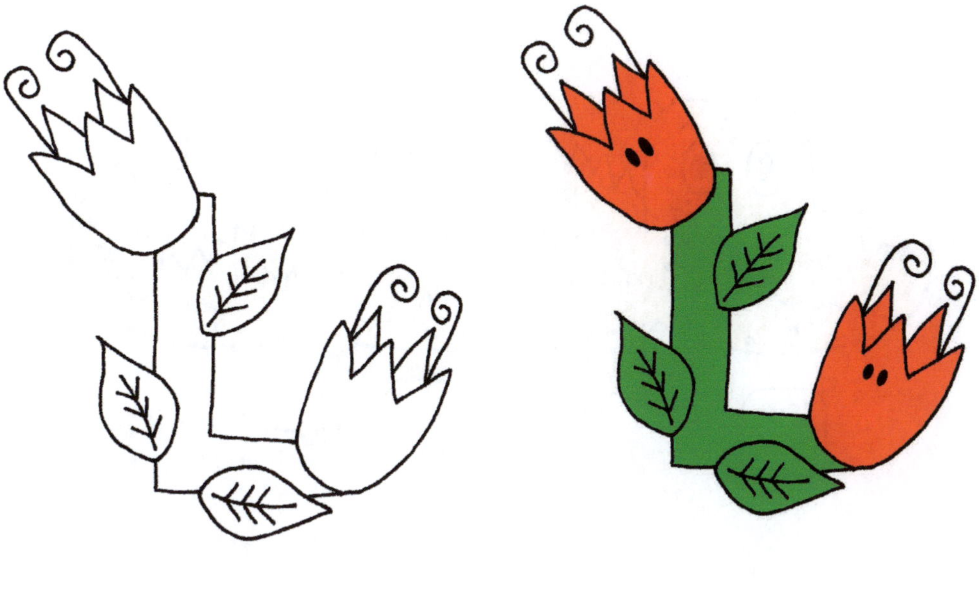

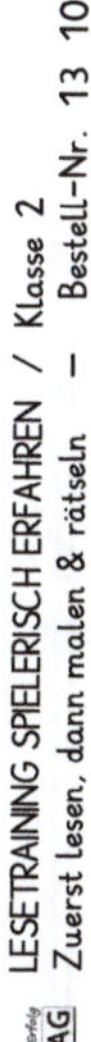

Lesetraining

Schau dir die Bilder genau an.
Ordne die Bilder nach der Größe.
Fange mit dem größten Bild an.
Nummeriere die Bilder von 1 bis 5.

Lesetraining

Schaue dir die Buchstaben genau an.
Wie oft findest du das Wort BLUMEN?
Färbe jedes Wort ein und trage
die Anzahl in das Kästchen.

ABCDEFBLUMENGHIJKLMNOPQR
STUVWXYZABCDEFGHIJKLMNOP
QRSTUVWXYZABCDEBLUMENFGH
IJKLMNOPQRSTUVWXYZABCDEF
GHIJKLMBLUMENNOPQRSTUVWX
YZABCDEFGHIJKLMNOPQRSTUV
WXYZABCDEFGHIJKLMNOPQRST
UVBLUMENWXYZABCDEFGHIJKL
MNOPQRSTUVWXYZABCDEFGHIJ
KLMNOPQRSTUVWXBLUMENYZA
BCDEFGHIJKLMNOPQRSTUVWXY
ZABBLUMENCDEFGHIJKLMNOPQ
RSTUVWXYZABCDEFGHIJKLMNO
PQRSTUVWXBLUMENYZABCDEFG

Lesetraining

Lies den Text.

Fortsetzung ...

Im Teich schwimmen viele Fische. Genauer gesagt, sehr große, mittelgroße, kleine und ganz kleine Fische.

Lernen mit Erfolg KOHL VERLAG LESETRAINING SPIELERISCH ERFAHREN / Klasse 2
Zuerst lesen, dann malen & rätseln – Bestell-Nr. 13 109

Lesetraining

Schau dir die Bilder genau an.
Ordne die Bilder nach der Größe.
Fange mit dem kleinsten Bild an.
Nummeriere die Bilder von 1 bis 5.

KOHL VERLAG Lernen mit Erfolg
LESETRAINING SPIELERISCH ERFAHREN / Klasse 2
Zuerst lesen, dann malen & rätseln – Bestell-Nr. 13 109

Lesetraining

Schau dir die Bilder genau an.
Ordne die Bilder nach der Größe.
Fange mit dem größten Bild an.
Nummeriere die Bilder von 1 bis 5.

KOHL VERLAG
LESETRAINING SPIELERISCH ERFAHREN / Klasse 2

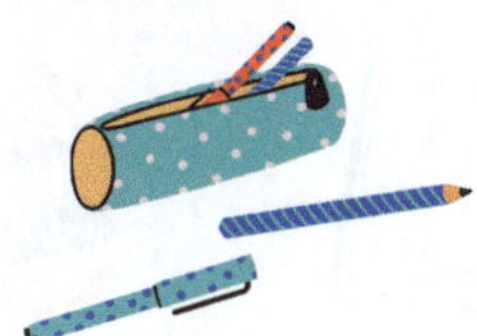

Lesetraining
Lies den Text.
Fortsetzung ...

Diese Fische sind aber nicht wie gewöhnliche Fische – nein, sie spielen Wasserfußball und können sprechen. Doch plötzlich macht ein Fisch einen Kopfball und der Ball fliegt erst einmal in die Luft, fällt dann auf den Boden und rollt direkt in die Richtung unserer Freunde.

Blitzschnell rufen die Fische: "Bitte werft den Ball zu uns zurück, sonst können wir nicht weiterspielen!"

Die kleine Schnecke Leo denkt, nein, nicht schon wieder! Denn der Ball sieht wie ein dicker Buchstabe aus und Leo weiß genau was jetzt passiert.

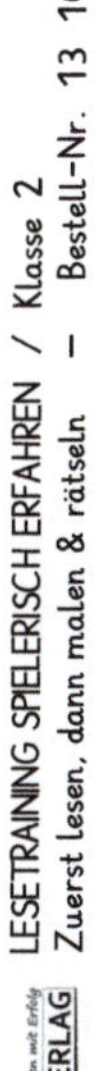

Lesetraining
Lies den Text.
Fortsetzung ...

Und tatsächlich, das kleine Krokodil Willi sieht den Ball und denkt, das ist doch ein leckerer Buchstabe, ein Leckerbissen. Willi kann sich wieder nicht bremsen und schnappt sich den Buchstaben mit seinem breiten Maul – und aufgefressen.

Oh je, es donnert wieder. Diesmal donnert es heftiger und länger als beim ersten Mal. Sehr zügig bildet sich eine mittelgroße rote Wolke über Willi. Aus dieser Wolke fallen viele große, mittelgroße, kleine und ganz kleine rote Wassertropfen auf das Krokodil.

Lesetraining
Lies den Text.
Fortsetzung ...

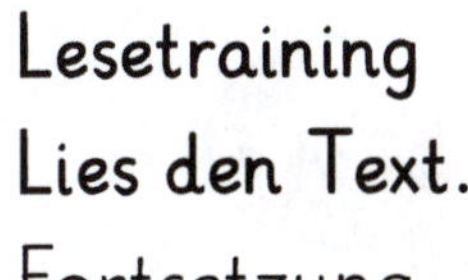

Jetzt ist Willi nicht nur komplett gelb, sondern hat dazu noch rote Streifen bekommen. Die rote Wolke hat sich wieder in Luft aufgelöst.

Wieder ist Willi sprachlos und entsetzt, wieder tröstet Leo das kleine Krokodil und ja, wieder sind sich beide Tiere einig, mit einer warmen Dusche ist Willi das farbige Problem schnell los.

Eines ist sicher, beide Tiere haben ganz bestimmt insgeheim schon die ersten Zweifel, ob sich bei Willi die Farbe wirklich mit einer warmen Dusche wieder entfernen lässt.

Das kleine Krokodil Willi und die Schnecke Leo machen sich nun wieder auf den Weg.

LESETRAINING SPIELERISCH ERFAHREN / Klasse 2
Zuerst lesen, dann malen & rätseln – Bestell-Nr. 13 109

Lesetraining
Lies den Text.
Fortsetzung …

Langsam werden sie ein wenig ungeduldig, denn sie möchten den Zauberbaum finden, bevor es Abend wird.

Nach einiger Zeit bleiben Willi und Leo plötzlich stehen, denn vor ihnen steht ein großer Apfelbaum. Viele Äpfel liegen unten auf dem Boden herum. Diese Äpfel sind unterschiedlich groß. Sie sind groß, mittelgroß, klein und ganz klein.

Lesetraining

Lies den Text.

Fortsetzung ...

Nun wird es etwas gruselig, denn die Äpfel können auch sprechen. Sie rufen den beiden Tieren zu: „Hebt uns bitte auf und bringt uns zum Zauberbaum!"

Leo wollte Willi noch warnen, dass diese Äpfel ungewöhnlicher Weise keine Buchstaben sind. Aber es war schon zu spät. Denn Willi konnte sich auch dieses Mal wieder nicht bremsen – Maul auf, Apfel rein, zugeschnappt und aufgefressen.

Bevor beide Tiere überhaupt darüber nachdenken können was jetzt passiert, donnert es schon längst gewaltig. Viel, viel heftiger als je zuvor.

Lesetraining

Lies den Text.

Fortsetzung ...

Ruckartig bildet sich wieder eine Wolke über Willi. Diesmal ist es eine große blaue Wolke. Aus dieser Wolke fallen viele große, mittelgroße, kleine und ganz kleine blaue Wassertropfen auf das Krokodil.

Lernen mit Erfolg KOHL VERLAG LESETRAINING SPIELERISCH ERFAHREN / Klasse 2
Zuerst lesen, dann malen & rätseln – Bestell-Nr. 13 109

Lesetraining
Lies den Text.
Fortsetzung ...

Auweia, jetzt sieht Willi richtig bunt aus, fast wie ein bunter Vogel. Die Wolke über Willi hat sich derweil wieder komplett in Luft aufgelöst.

Das kleine Krokodil Willi ist jetzt aber richtig wütend. So kann Willi sich ja nirgendwo zeigen. Die kleine Schnecke Leo muss echte Überredungskunst anwenden um Willi zu beruhigen. Nun sind sich beide Tiere einig, sie suchen eine Dusche. Denn die Farbe muss weg, je schneller desto besser.

Tatsächlich befindet sich hinter dem großen Apfelbaum eine Dusche.

 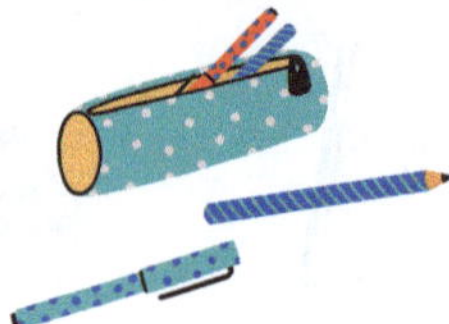  

Lesetraining
Male sorgfältig.
Male das Krokodil nach Vorgabe aus.

Male weiter: Über dem Krokodil befindet sich eine blaue Wolke. Aus dieser Wolke fallen viele blaue Wassertropfen auf das Krokodil.

Lernen mit Erfolg KOHL VERLAG LESETRAINING SPIELERISCH ERFAHREN / Klasse 2

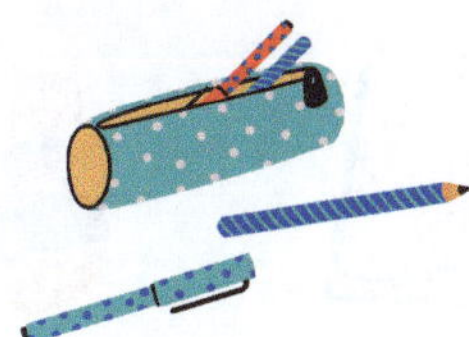  

Lesetraining 
Male sorgfältig.
Betrachte die Bilder aus deiner Sicht.

Die großen Äpfel sind rot und haben ein grünes Blatt.
Die kleinen Äpfel sind grün und haben ein gelbes Blatt.

KOHL VERLAG Lernen mit Erfolg
LESETRAINING SPIELERISCH ERFAHREN / Klasse 2
Zuerst lesen, dann malen & rätseln – Bestell-Nr. 13 109

Lesetraining

Schaue dir die Bilder genau an.

Wie oft findest du dieses Bild?

Trage die Anzahl ein.

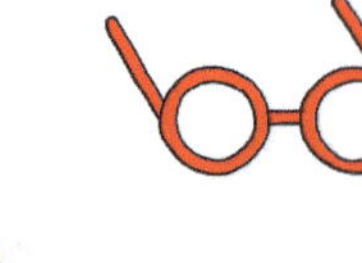

Lernen mit Erfolg KOHL VERLAG LESETRAINING SPIELERISCH ERFAHREN / Klasse 2
Zuerst lesen, dann malen & rätseln – Bestell-Nr. 13 109

Lesetraining

Lies den Text.

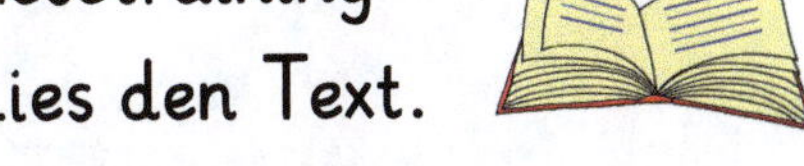

Fortsetzung ...

Sofort stellt sich Willi unter diese Dusche und dreht das warme Wasser auf.

Oh je, die Farben gehen nicht ab. Willi schrubbt und schrubbt seinen Körper mit einem Schwamm voller Seife, aber die Farben gehen einfach nicht ab.

Willi ist sehr traurig. Leo trocknet Willi mit einem Handtuch ab, das zufällig auch dort lag. Beide gehen geknickt zum Baum und legen sich hin.

Das kleine Krokodil verliert eine Träne nach der anderen. Die Tränen sind unterschiedlich groß. Genauer gesagt, sind sie groß, mittelgroß, klein und ganz klein.

Lesetraining

Lies den Text. 

Fortsetzung ...

Plötzlich gibt es Bewegung in dem großen Apfelbaum; zumindest war es eben noch ein Apfelbaum und jetzt ist es eher ein Leuchtbaum. Denn der Baum hat viele kleine Sterne, die den Baum so hell leuchten lassen.

Willi und Leo springen zügig auf und schauen den Baum mit großen Augen an.

KOHL VERLAG LESETRAINING SPIELERISCH ERFAHREN / Klasse 2

Lesetraining

Male sorgfältig.

Male den Baum nach Vorgabe aus.

KOHL VERLAG Lernen mit Erfolg
LESETRAINING SPIELERISCH ERFAHREN / Klasse 2
Zuerst lesen, dann malen & rätseln – Bestell-Nr. 13 109

Lesetraining

Lies den Text.

Fortsetzung ...

Der Baum kann sprechen und fragt Willi: „Warum weinst du denn?" „Mein ganzer Körper ist voll mit Farbe, aber ich möchte wieder wie ein richtiges Krokodil aussehen", antwortet Willi.

„Dann musst du dich an Regeln halten. Hast du denn nicht am Anfang des langen Weges das Schild mit der Aufschrift „Bitte nichts berühren" gesehen?", fragt der Baum. Willi antwortet ganz leise: „Nein, habe ich nicht", flunkert das kleine Krokodil.

„Du musst immer aufmerksam sein und dein Verlangen nach Buchstaben zügeln, denn du darfst nicht alle Buchstaben fressen. Das solltest du unbedingt lernen, denn du lebst in einem Buchstabenland. Stell dir mal vor, dort würde es irgendwann keine Buchstaben mehr geben...". Es folgt eine kurze Gedankenpause.
„Okay, wenn du mir versprichst, dass du nur noch die Buchstaben frisst, die zum Fressen vorgesehen sind, befreie ich dich von den bunten Farben", erwidert der Baum.

Lernen mit Erfolg KOHL VERLAG
LESETRAINING SPIELERISCH ERFAHREN / Klasse 2
Zuerst lesen, dann malen & rätseln – Bestell-Nr. 13 109

Lesetraining
Lies den Text.
Fortsetzung …

Willi ist überglücklich und freut sich sehr darüber. Schnell gibt Willi dem Baum sein Versprechen.

Daraufhin fragt Leo den Baum: „Bist du der Zauberbaum?" Der leuchtende Baum fängt an zu lachen und währenddessen bildet sich erneut eine Wolke über Willi. Dieses Mal ist die Wolke weiß und aus ihr fallen keine Tropfen, sondern unterschiedliche Sterne. Diese Sterne sind groß, mittelgroß, klein und ganz klein.

Lesetraining
Lies den Text.
Fortsetzung ...

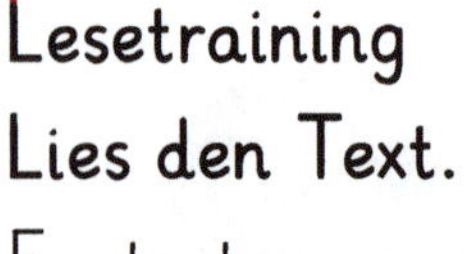

Die Sterne fallen sanft auf Willi. Es sind so viele Sterne, das Willi vor lauter Sternen nicht mehr zu sehen ist. Doch dann rüttelt und schüttelt sich das kleine Krokodil und siehe da, das Krokodil sieht wieder genauso aus wie vorher, eben ganz normal, wie ein kleines Krokodil halt aussieht.

Die Freude ist sehr groß bei den beiden Tieren.
Der Baum erinnert Willi noch mal an das Versprechen und wünscht Willi und Leo eine gute Heimreise.

Lernen mit Erfolg KOHL VERLAG LESETRAINING SPIELERISCH ERFAHREN / Klasse 2

Lösungen

Seite 8

Lesetraining
Male sorgfältig.

Links oder rechts?

Alle Krokodile, deren Nasenspitze von dir aus gesehen nach <u>rechts</u> zeigen, tragen gelbe Schlafmützen.

Alle Krokodile, deren Nasenspitze von dir aus gesehen nach <u>links</u> zeigen, tragen blaue Schlafmützen.

Seite 9

Lesetraining
Schau dir die Bilder genau an.
Ordne die Bilder nach der Größe.
Fange mit dem größten Bild an.
Nummeriere die Bilder von 1 bis 5.

Seite 10

Lesetraining
Schaue dir die Buchstaben genau an.
Wie oft findest du das Wort KROKODIL?
Färbe jedes Wort ein und trage die Anzahl in das Kästchen.

3

ABCDEFGHIJKLMNOPQRSTUVWX
YZABCDEFGHIJKLMNOPQRSTUV
WXYZA**KROKODIL**BCDEFGHIJKLM
NOPQRSTUVWXYZABCDEFGHIJK
LMNOPQRSTUVWXYZABCDEFGHI
JKLMNOPQRSTUV**KROKODIL**WXY
ZABCDEFGHIJKLMNOPQRSTUVW
XYZABCDEFGHIJKLMNOPQRSTUV
WXYZABCDEFGHIJKLMNOPQRST
UV**KROKODIL**WXYZABCDEFGHIJK
LMNOPQRSTUVWXYZABCDEFGHI
JKLMNOPQRSTUVWXYZABCDEFG
HIJKLMNOPQRSTUVWXYZABCDE
FGHIJKLMNOPQRSTUVWXYZABC

Seite 15

Lesetraining
Male sorgfältig.
Betrachte die Bilder aus deiner Sicht.

Die großen Schlafmützen sind blau-gelb gestreift.
Die kleinen Schlafmützen sind grün-rot gestreift.

Lösungen

Seite 16

Lesetraining
Schaue dir die Bilder genau an.
Wie oft findest du dieses Bild?
Trage die Anzahl ein.

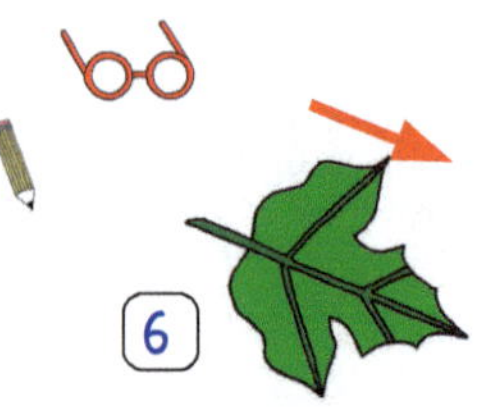

Seite 19

Lesetraining
Male sorgfältig.

Links oder rechts?

Alle Igel gehen von dir ausgesehen nach <u>links</u>.
Male alle Igel sorgfältig aus, die in die falsche Richtung gehen.

Seite 20

Lesetraining
Schau dir die Bilder genau an.
Ordne die Bilder nach der Größe.
Fange mit dem kleinsten Bild an.
Nummeriere die Bilder von 1 bis 5.

Seite 21

Lesetraining
Schaue dir die Buchstaben genau an.
Wie oft findest du das Wort SCHNECKE?
Färbe jedes Wort ein und trage die Anzahl in das Kästchen.

ABCDEFGHIJKLMNOPQRSTUVWX
YZABCDEFGHIJKSCHNECKELMN
OPQRSTUVWXYZABCDEFGHIJKL
MNOPQRSSCHNECKETUVWXYZA
BCDEFGHIJKLMNOPQRSTUVWXY
ZABCDEFGHIJKLMNOPQRSTUVW
XYZSCHNECKEABCDEFGHIJKLMN
OPQRSTUVWXYZABCDEFGHIJKL
MNOPQRSTUVWXYZABCDEFGHIJ
KLMNOPQRSTUVWXYZABCDEFG
HIJKLMNOPQRSTUVWXYZABCDE
FGHIJKLMNSCHNECKEOPQRSTU
VWXYZABCDEFGHIJKLMNOPQRS
TUVWSCHNECKEXYZABCDEFGHIJ

Lösungen

Seite 26

Lesetraining
Schau dir die Bilder genau an.
Ordne die Bilder nach der Größe.
Fange mit dem größten Bild an.
Nummeriere die Bilder von 1 bis 5.

Seite 27

Lesetraining
Schaue dir das Bild genau an.
Wie oft findest du dieses Bild?
Trage die Anzahl ein.

Seite 32

Lesetraining
Schau dir die Bilder genau an.
Ordne die Bilder nach der Größe.
Fange mit dem größten Bild an.
Nummeriere die Bilder von 1 bis 5.

Seite 33

Lesetraining
Schaue dir die Buchstaben genau an.
Wie oft findest du das Wort BLUMEN?
Färbe jedes Wort ein und trage
die Anzahl in das Kästchen.

7

ABCDEFBLUMENGHIJKLMNOPQR
STUVWXYZABCDEFGHIJKLMNOP
QRSTUVWXYZABCDEBLUMENFGH
IJKLMNOPQRSTUVWXYZABCDEF
GHIJKLMBLUMENNOPQRSTUVWX
YZABCDEFGHIJKLMNOPQRSTUV
WXYZABCDEFGHIJKLMNOPQRST
UVBLUMENWXYZABCDEFGHIJKL
MNOPQRSTUVWXYZABCDEFGHIJ
KLMNOPQRSTUVWXBLUMENYZA
BCDEFGHIJKLMNOPQRSTUVWXY
ZABBLUMENCDEFGHIJKLMNOPQ
RSTUVWXYZABCDEFGHIJKLMNO
PQRSTUVWXBLUMENYZABCDEFG

LESETRAINING SPIELERISCH ERFAHREN / Klasse 2
Zuerst lesen, dann malen & rätseln – Bestell-Nr. 13 109
KOHL VERLAG

Lösungen

Seite 35

Lesetraining
Schau dir die Bilder genau an.
Ordne die Bilder nach der Größe.
Fange mit dem kleinsten Bild an.
Nummeriere die Bilder von 1 bis 5.

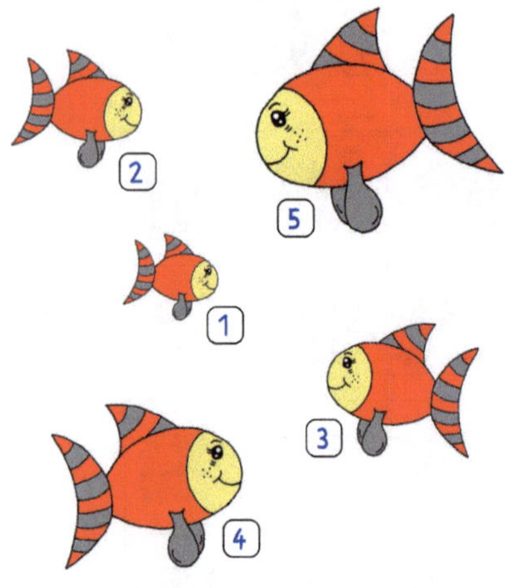

Seite 36

Lesetraining
Schau dir die Bilder genau an.
Ordne die Bilder nach der Größe.
Fange mit dem größten Bild an.
Nummeriere die Bilder von 1 bis 5.

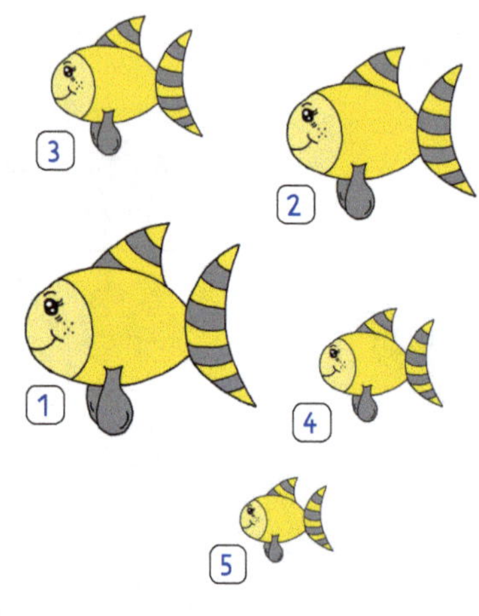

Seite 44

Lesetraining
Male sorgfältig.
Male das Krokodil nach Vorgabe aus.

Male weiter: Über dem Krokodil befindet sich eine blaue Wolke. Aus dieser Wolke fallen viele blaue Wassertropfen auf das Krokodil.

Seite 45

Lesetraining
Male sorgfältig.
Betrachte die Bilder aus deiner Sicht.

Die großen Äpfel sind rot und haben ein grünes Blatt.
Die kleinen Äpfel sind grün und haben ein gelbes Blatt.

Seite 46

Lesetraining
Schaue dir die Bilder genau an.
Wie oft findest du dieses Bild?
Trage die Anzahl ein.

KOHL VERLAG Lernen mit Erfolg
LESETRAINING SPIELERISCH ERFAHREN / Klasse 2